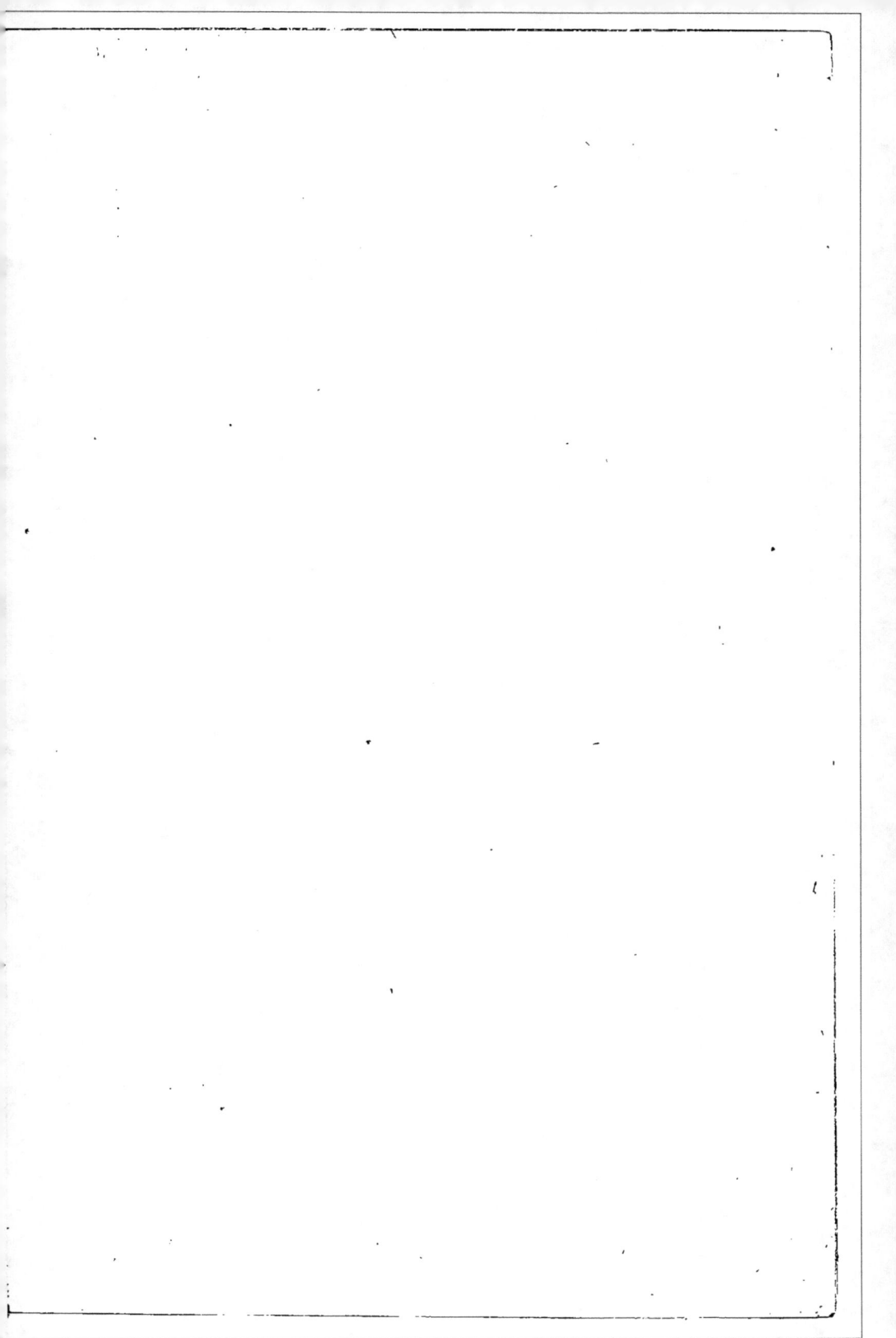

44

Lb 616.

CORRESPONDANCE

RELATIVE

AUX ÉVÉNEMENS

QUI

ONT EU LIEU A BORDEAUX

DANS LE MOIS DE MARS.

Albo dies notanda lapillo.
HORACE.

A BORDEAUX,

CHEZ LAVIGNE JEUNE, IMPRIMEUR DU ROI
ET DE S. A. R. Mgr. LE DUC D'ANGOULÊME,
RUE PORTE = DIJEAUX, N.º 7, PRÈS LA POSTE AUX LETTRES.

AOUT 1814.

CORRESPONDANCE

RELATIVE

AUX ÉVÉNEMENS

QUI ONT EU LIEU A BORDEAUX

DANS LE MOIS DE MARS.

Première Lettre.

Puisque vous voulez absolument, Madame, connaître toute ma vie administrative et les motifs de ma
conduite passée et présente ; puisque vous désirez
sur-tout apprendre dans le plus grand détail les
événemens de l'heureuse révolution à laquelle vous
voulez bien croire que j'ai participé, je vais vous
satisfaire ; mais ce ne sera pas sans peine. J'écris
difficilement et mal ; je compose plus difficilement
encore ; mais vous avez approuvé que je ne misse
aucune application à ce que j'ai à vous dire. Vous
demandez simplement, dites-vous, un article de
gazette. J'aurai l'honneur de vous faire observer,

cependant, que je vous ai entendu quelquefois criti-
quer la manière dont ces sortes d'ouvrages sont rédi-
gés. Heureusement, je n'écris que pour vous, et
vous m'avez promis toute votre indulgence.

Je vivais tranquillement à la campagne, et n'avais
pris que le moins de part possible aux événemens qui
avaient suivi mes diverses et périlleuses détentions,
lorsque Buonaparté crut devoir réunir les différentes
municipalités en une seule, dans les villes de Bordeaux, Marseille et quelques autres. J'ignore quel a
été le motif de cette détermination ; mais il paraît
sûr qu'elle est une de ses conceptions auxquelles ses
partisans ont attaché tant de génie.

Il est certain que la plupart des Maires de France
ont donné, dans tous les temps à nos Rois, des marques signalées de leur dévouement. Ces dispositions
ont été constantes, à très-peu d'exceptions près,
jusqu'à la révolution. Aussi, dès les premiers momens
de nos troubles, la municipalité de Paris devint-elle
odieuse aux novateurs : ils s'empressèrent de la sup-
primer et d'en former une provisoire.

A Bordeaux, le comte de Fumel et l'avocat général
Saige furent successivement sacrifiés.

Buonaparté a pu croire que les Maires qu'il aurait
créés seraient aussi disposés à se laisser sacrifier pour
lui. Mais, par une inconséquence très-grande, il
chercha à les prendre dans la classe des hommes les
plus recommandables, comme s'il eût été possible
que des citoyens honnêtes pussent exécuter des mesures préjudiciables à leur pays, pour favoriser l'insa-
tiable ambition d'un despote en délire.

Sans doute une administration paternelle soutiendra toujours l'autorité paternelle d'un Monarque légitime, même quand ce Monarque s'écarterait quelquefois des règles de la justice. Il en est d'un Gouvernement établi, comme d'un père de famille dont la sévérité, quelquefois injuste, ne peut autoriser les enfans à manquer à l'obéissance qu'ils lui doivent. Mais il en arrive tout autrement, quand il s'agit d'un despote qui, pour soutenir une injuste usurpation, accable le peuple sous le poids de tous les genres de tyrannies. Alors le magistrat qui veille avec amour sur ses administrés, doit faire tout ce qui est en lui pour les délivrer d'une si funeste oppression.

J'ai toujours pensé que Buonaparté ne pouvait faire le bonheur de la France qu'en rappelant la maison des Bourbons. Il me paraissait impossible qu'il pût maîtriser les événemens qui résultaient de l'expulsion d'une famille aussi puissante, ou tôt ou tard les efforts de cet étranger, pour se soutenir, devaient nécessairement accabler la Nation.

D'après cette manière de voir, je pensais que chaque bon citoyen devait *se laisser mettre en position* de concourir au retour de l'ancien ordre de choses, et que ce n'était ni en demeurant inutile au dehors, ni en se rendant nul au dedans, que l'on pouvait parvenir à ce but.

Telles étaient mes dispositions lorsqu'il fut question de réunir à Bordeaux les trois mairies en une seule, et de nommer le Maire ; mais il ne pouvait m'être convenable de rien faire pour le devenir ; aussi, quoique j'aie été mis sur les rangs à cette époque, je me suis abstenu de toute démarche qui aurait pu fixer sur moi l'attention du Gouvernement.

La conduite contraire eût été une indignité de la part d'un homme qui conservait dans le fond de son cœur, avec un éternel attachement pour son légitime Souverain, le désir de pouvoir contribuer par des moyens honorables à son rétablissement, seul terme possible de notre malheureuse révolution.

Pendant l'administration de mon prédécesseur, non-seulement le Gouvernement de Buonaparté était devenu plus tyrannique, mais encore il commit deux grandes atrocités. D'abord il viola l'asile d'un pays neutre pour en arracher un prince chéri qui lui portait ombrage, et le faire périr ; puis, par une insigne trahison, il enleva un Roi légitime de la capitale de son royaume pour disposer de son trône. Il alluma ainsi entre la France et l'Espagne une guerre sanglante dans laquelle ont péri des milliers de Français.

Ce fut après ces funestes événemens que la place de Maire de Bordeaux devint disponible, et il fut encore question de moi. On m'écrivit de Paris pour savoir si je l'accepterais. Les circonstances étaient trop malheureuses pour qu'elle pût exciter l'ambition de personne, et cette proposition me jeta dans une grande anxiété. J'étais alors profondément affligé par la perte de ma fille unique, dont la société faisait le bonheur de ma vie. Je sentais qu'en me livrant à une grande occupation publique, je trouverais quelque soulagement. Je réfléchis qu'autant il était convenable de ne rien faire pour obtenir une place, autant il était de mon devoir d'en accepter une où je pouvais être utile à mon pays si l'occasion s'en présentait. J'étais loin de prévoir sans doute celle qui s'est offerte. C'en est assez pour prouver la possibilité qu'il s'en présentât une. Je me déterminai donc à accepter la place de Maire.

J'ai l'honneur, Madame, etc.

Seconde Lettre.

Je franchis, Madame, l'espace qui s'écoula depuis que je pris les rênes de l'administration municipale jusqu'à la fin d'Octobre 1813. Bien loin que Buonaparté eût cherché pendant ce temps à faire le bonheur de la France, il s'était au contraire livré à tous les excès d'une ambition sans bornes. On croirait que cet homme s'était dit : La postérité ne connaîtra que la moitié de mon histoire; mais, dût-elle savoir toute la vérité, rien n'est plus glorieux que de figurer dans ses annales, comme Érostrate.

A l'époque dont je parle, la fatale entreprise de Moscou, les désastres de Leipsick et de Dresde, les constans malheurs de l'Espagne, l'approche de tous les ennemis de la France vers son territoire, la complète dilapidation de la fortune publique, l'anéantissement du commerce, la ruine de tous les particuliers, le poids accablant des impôts, la dépopulation

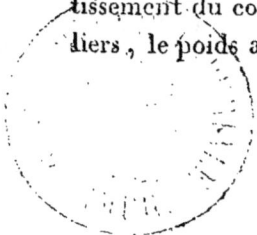

croissant avec une épouvantable rapidité par les conscriptions et les levées extraordinaires ; tout annonçait une grande catastrophe.

Je doute que le Gouvernement ait alors bien connu le danger imminent de sa position. Il continuait d'agir comme si Buonaparté vaincu, eût encore été soutenu par le prestige des illusions, ainsi que l'avait été Buonaparté vainqueur.

Quoique les moyens et les ruses employés jusques alors pour tromper les Français et en imposer aux étrangers, fussent entièrement usés, le Gouvernement continua de s'en servir. On mit en avant l'Impératrice, et on écrivit aux Préfets qu'il fallait faire assembler les conseils municipaux. On leur ordonna de nommer spontanément une députation pour aller lui offrir ce qui restait de fortune à leurs concitoyens, et ceux de leurs enfans qu'ils avaient soustraits aux réquisitions, aux rappels, aux gardes d'honneur, etc., etc.

M. le Préfet vint me faire part de cette mesure : je ne lui en dissimulai pas l'inconcevable gaucherie. Elle était d'autant plus grande, que le ministre dictait lui-même jusqu'aux expressions dont on devait se servir dans les adresses ; et de là résultait nécessairement dans les exposés une similitude qui détruisait toute idée de liberté. Je lui représentai que le conseil municipal était tellement fatigué et découragé, que je doutais pouvoir en réunir non-seulement la majorité, mais même une bien faible partie. Je ne lui dissimulai pas qu'un voyage à Paris, à l'entrée de l'hiver et à mon âge, m'était d'autant plus

désagréable , que ces déplacemens devenaient rui-
neux.

Le Préfet voyait la chose comme moi ; mais il
fallait obéir. Il trouvait cependant que j'avais de
bonnes raisons pour me dispenser du voyage , et
m'offrait de les appuyer. Je lui répondis que , quant
à moi , je verrais ce que j'aurais à faire ; car je pensais tout de suite à l'utilité de ce voyage dans mes
vues , et je me trouvai heureux de l'entreprendre
sans exciter aucun ombrage.

Ce que j'avais prévu arriva : j'eus beau convoquer le
conseil et le corps municipal , je ne pus réunir qu'environ six membres. Personne ne voulut se charger de
rédiger l'adresse ; je fus obligé de la faire *moi-même.*

M. de Mondenard , secrétaire de la ville , qui avait
bien pénétré mes sentimens , mais qui était loin de prévoir mes intentions , fit des efforts pour m'empêcher
de partir ; son amitié voulut paraître alarmée des
risques du voyage , de l'effet d'une saison rigoureuse
sur ma santé ; mais je l'avais pénétré aussi , et je ne
doutai pas que la mission dont je m'étais chargé ,
l'affligeait beaucoup plus que les dangers de la route.
Croyez-vous , lui dis-je , que je me sois *laissé nommé
Maire pour rien ?* Ne pensez-vous pas que les circonstances paraissent favoriser la délivrance de notre pays
et le retour de notre légitime Souverain ? Faut-il atten-
dre pour agir, que la France soit tombée en lambeaux ;
que chacun d'eux devienne la proie de l'étranger ou
de généraux qui se les disputeront pendant cent ans ,
jusqu'à ce que ce beau pays rentre enfin sous la
domination d'un seul qui lui est naturelle ? Tandis

que je lui parlais, je voyais peu à peu l'étonnement
et la joie prendre la place des apparences d'une
crainte mal motivée. Je m'ouvris donc entièrement à
lui, et je partis avec les deux seuls députés qui eussent consenti à me suivre, un de mes adjoints, et
un membre du conseil municipal qui, depuis, a
donné au Roi et au Prince un témoignage bien
louable d'un généreux dévouement, M. *Maydieu.*

Le Gouvernement me procurait lui-même une
occasion, toute naturelle, de m'assurer si Buonaparté trouverait des ressources pour éviter de tomber dans l'abîme qu'il me semblait s'être ouvert
à lui-même ; si ses ministres en voyaient le danger,
et s'ils étaient disposés à abandonner les mesures
inconsidérées qui avaient pu réussir autrefois, mais
qui n'étaient plus de saison ; de m'assurer, enfin,
des dispositions des amis du Roi, tant à Paris que
dans les provinces.

Je me déterminai donc à partir avec les deux seuls
députés dont j'ai déjà parlé.

J'étudiai l'esprit public dans ma route ; par-tout
je vis non-seulement du découragement et du dé-
sespoir, mais encore une opposition assez décidée à
l'exécution des mesures violentes que l'on cherchait
à faire exécuter.

Il paraît que les ministres étaient mal informés
de la situation des esprits, quoiqu'il y eût en France
des millions d'espions de police et de contre-police,
sous les ordres des commissaires-généraux, et qu'ils
fatigassent continuellement et les Préfets, et les Maires, en leur demandant tous les mois, tous les quinze

jours ; toutes les semaines , des rapports sur l'esprit public.

J'appris , à trente lieues de Paris , que Buonaparté y était revenu ; qu'un de ses plus fameux généraux s'était retiré dans une terre voisine de la route , après avoir éprouvé de la part de son maître un traitement dont ses anciens services auraient dû le garantir.

Arrivé à Paris , je considérai Buonaparté avec une sérieuse attention. Il me parut déconcerté ; ses mesures étaient incohérentes et contradictoires. Il ne prit aucun intérêt à la démarche que l'on avait prescrite aux représentans des villes ; ce fut une simple formalité , qui ne servit qu'à dévoiler l'indifférence de la princesse sous le nom de qui cette mesure avait été provoquée.

Buonaparté avait l'air inquiet , mal à son aise. Il cherchait à se populariser. Il allait se promener dans les marchés , parlait à quelques mendians , et leur disait : *Vous ne m'aimez pas , n'est-il pas vrai ? Non , c'est le chat !* et autres semblables trivialités.

On était étonné de le voir si constamment dans son palais. Il avait l'air de quelqu'un qui craint de se mettre en route , et il faut convenir qu'il avait raison ; son voyage n'a pas été heureux.

Un de ses ministres était comme un aveugle conduit avec précipitation par un homme, au moyen d'un bâton dont chacun tient une extrémité. Il marchait avec confiance , entraîné par son conduc-

teur , et sa cécité ne lui permettait de voir ni à droit
ni à gauche ; on pouvait même douter s'il pensait.

Un autre paraissait sortir des petites maisons.
Il battait l'air et était content du sifflement opéré
par la pression du fluide. Il ressemblait au héros de
la Manche , à la bonté près.

On exigeait de l'argent , et tout le monde en était
dépourvu ; on voulait des hommes , et les champs
étaient incultes faute de bras ; on ordonnait la levée
en masse , comme si elle pouvait n'être pas dange-
reuse , quand l'opinion publique n'est pas favorable ,
et l'on faisait le contraire de ce qu'il fallait pour
améliorer cette opinion. Je vous en donnerai la
preuve , Madame , aussitôt que je pourrai vous adres-
ser de nouveau l'hommage , etc.

Troisième Lettre.

J'avais l'honneur de vous dire , Madame , dans ma
dernière lettre , que le gouvernement de Buonaparté
avait trop méprisé l'opinion publique ; lui-même porta
l'aveuglement jusqu'à refuser les moyens que le Corps-
Législatif lui offrait alors pour la reconquérir ; non-
seulement il les rejeta avec violence , mais il outragea
le corps entier et principalement un de ses membres ,

M. *Lainé*, qui était investi de la plus honorable considération ; il s'exhala en mauvais propos, en dis-
cours bas et faits pour avilir l'autorité la plus res-
pectée.

Dès-lors je fus persuadé que, quelque formidable
que parût encore le colosse, il pouvait être renversé
par suite d'une impulsion donnée. Je fis part de mon
opinion à deux êtres que l'on peut regarder comme
d'un autre monde, soit par leurs vertus, soit parce que
leur existence avait été tellement compromise, qu'elle
est presque une résurrection. Messieurs de Polignac
pensaient, comme moi, que le moment devenait
favorable.

La dernière fois que j'allai chez eux avant mon
départ, je fis une chute qui pouvait m'être bien
funeste. Ma première idée fut que, si je devais en mou-
rir, j'aurais du moins la consolation que c'était en
faisant quelques pas dans l'intérêt de la bonne cause.
Engagé dans un passage couvert de verglas, je me
laissai tomber sur la tempe droite : le pouce de ma
main soutint tout le poids de mon corps, et j'en fus
quitte pour une blessure à la tête ; mais je me ressentis
long-temps de la forte commotion que j'avais éprouvée.

Cependant quelques amis du Roi me parurent tout
à fait découragés par le mauvais effet des tentatives
précédentes ; mais je me persuadai que si elles n'avaient
pas eu de succès, c'est qu'elles avaient été entreprises
dans un temps inopportun, qu'elles étaient mal com-
binées et peu secrètes. Je fus très-encouragé par Mme
la Comtesse Charles de Damas, avec qui j'avais formé
depuis vingt ans une liaison d'autant mieux établie,

qu'elle avait été commencée par le malheur, et ci-
mentée par la confiance. Cette dame m'avait donné
des preuves de la sienne en ne se méprenant pas sur
le motif qui m'avait jeté dans l'administration; et les
circonstances difficiles dans lesquelles elle s'est trou-
vée, et qu'elle avait surmontées avec tant de courage,
m'avait donné la plus haute opinion de la force de
son esprit, de la solidité de ses affections et de son
imperturbable attachement pour le Roi.

Cependant ma conduite à Paris était difficile : la
considération dont je jouissais auprès des ministres,
n'était point diminuée ; et le besoin de la conserver,
rendait ma position plus pénible.

J'avais toujours été bien traité par Buonaparté; il me
donna, dans ce voyage, de nouvelles preuves d'une
confiance qui me devenait très-importune. Exposer
sa vie pour une bonne cause, n'est point un sacrifice
aux yeux d'un galant homme, sur-tout lorsqu'il est
isolé ; mais tout ce qui tient à la duplicité, doit lui
causer une telle répugnance, qu'il mérite bien qu'on
lui tienne quelque compte de son courage à livrer
une ancienne réputation à la malignité.

Simple particulier, je n'avais été d'aucun complot : devenu Maire de Bordeaux, je m'étais encore
moins mis en avant ; de sorte que j'y connaissais à
peine les personnes qui pouvaient en avoir formé.

M. Labarte que je trouvai alors à Paris, avait été
autrefois à la tête d'une association royaliste. Je connaissais sa discrétion et son attachement pour moi.
Il était un de ceux que j'avais en vue en partant pour

la capitale, et je m'ouvris à lui. M. Labarte s'empressa de faciliter mes communications avec MM. de Polignac. Je le priai de me désigner deux ou trois personnes à Bordeaux, auxquelles je pusse en sûreté faire connaître mes intentions : il m'en indiqua trois, et c'est avec ce seul renseignement, que je résolus de partir de Paris le 9 Janvier.

Le 8 au soir j'éprouvai une des plus vives peines que j'aie ressenties ; je reçus la croix d'officier de la Légion-d'honneur. Quoique je susse très-bien que Buonaparté ne considérait jamais les personnes dans les bienfaits qu'il répandait avec parcimonie sur ceux qu'il voulait seulement gagner, et avec une extrême profusion sur les coupables agens de sa tyrannie, il était fâcheux pour moi de paraître devoir quelque chose à un homme que mes démarches tendaient à détruire : aussi me gardai-je bien d'aller le lendemain aux Tuileries ; et, malgré l'invitation qui m'en était faite par le Maire d'une des premières villes de France, récemment décoré comme moi, je partis sur le champ.

Il faisait un froid rigoureux ; j'étais infiniment souffrant. Un malaise général que j'attribuai aux suites de ma chute, rendait ma position, dans ma voiture, insupportable. L'occupation de mon esprit faisait cependant une puissante diversion aux douleurs que j'éprouvais.

Une circonstance assez puérile, et que j'ai presque honte de vous raconter, Madame, contribua à me distraire : comme elle est une preuve de la bizarrerie de l'esprit humain , je vais vous la raconter, au risque d'exciter vos railleries.

J'aperçus dans le firmament une étoile plus brillante qu'aucune de celles que j'aie jamais vues. Ce n'était point une illusion ; d'autres personnes m'ont assuré l'avoir vue aussi. L'ayant fait remarquer à mon valet de chambre , il me dit qu'il l'observait depuis long-temps et qu'elle ressemblait à une lune ; ce furent ses expressions. Cet homme fut extrêmement étonné, lorsque , lui pressant fortement le bras , je lui dis, comme un fou : « *C'est ma bonne étoile ; elle m'annonce qu'il m'arrivera quelque chose d'heureux à Bordeaux* ». Je ne suis pas encore bien assuré si je ne dois pas croire que ce fut une prédiction. Vous riez , Madame ; je vous le pardonne ; mais revenons : une fois mon exaltation calmée , je retombai dans mes douleurs ; elles me forcèrent à m'arrêter à Maintenon, d'où je prends congé de vous, Madame , en vous assurant de mon respectueux attachement.

Quatrième Lettre.

Un lit d'auberge , Madame , est peu propre à délasser un voyageur malade. Je passai cependant une assez bonne nuit à Maintenon , pour en partir le lendemain et aller coucher à Tours , où un meilleur gîte me mit en état de continuer ma route.

Une confiance entière m'était inspirée, et je ne
m'occupai, dans mon voyage, que de mes projets qu'il
n'est plus permis de considérer comme des châteaux
en Espagne. Ils avaient déjà pour moi le charme de
la réalité, et je me surprenais quelquefois dans des
extases de plaisir, aimables avant-coureurs de toute
la félicité dont m'a rempli le succès de l'entreprise.

Aussitôt après mon arrivée, j'envoyai chercher
successivement les personnes que M. Labarte m'avait
désignées. Je fus surpris de les trouver dans une sorte
d'hésitation, qui se conciliait peu avec le zèle dont je
savais qu'elles avaient été animées autrefois dans des
circonstances bien moins favorables à mon avis. Peu
de gens osaient juger celles où nous nous trouvions,
comme il me semblait qu'elles devaient l'être. Le mauvais succès des tentatives précédentes, rendait sur-tout
les personnes qui y avaient pris part plus circonspec-
tes : celles dont je parle, étaient de ce nombre ; je
m'aperçus qu'elles doutaient de la possibilité de re-
nouer une entreprise, tandis que je pensais à son
exécution ; je compris sur-tout qu'elles attribuaient le
défaut de succès des précédentes, au peu d'ensemble
et au désavantage de n'avoir trouvé personne qui eût
été en position de les diriger et d'en être le chef.

Ne croyant donc pas pouvoir donner de suite aux
ouvertures que je venais de faire, je pris le parti de me
laisser *entrevoir*, et de me livrer un peu davantage
à la pénétration des fidèles amis du Roi, sans trop
exciter néanmoins la défiance des agens du Gouvernement. Ce fut alors que M. de Mondenard me fit
connaître M. Taffard de Saint-Germain ; il était à la

2

tête d'une association , composée d'un assez grand
nombre d'individus de toutes les classes , et principalement de celle des artisans , dont le dévouement
était d'autant plus honorable , qu'il était plus dé-
sintéressé. Je fus enchanté des bonnes dispositions
où je trouvai M. Taffard , de sa prudence , de son
courage et de l'excès de son dévouement. Je ne me
trouvai pas moins heureux , en apprenant que M. le
chevalier de Gombault était à la tête d'une association pieuse qui avait le même but.

M. de Larochejaquelein , que j'avais sauvé de la
proscription la veille de mon départ pour Paris , était
caché dans le Médoc qu'il habitait ordinairement ; il
y travaillait depuis plusieurs années , à bien disposer
l'esprit des habitans dont il était aussi aimé et aussi
considéré que de ceux de la Vendée. Son zèle avait été
bien secondé par celui de Madame la Marquise de Do-
nissan , qui souvent avait failli en être la victime.
M. de Larochejaquelein vint nous joindre. Nous tîn-
mes des assemblées nocturnes qui étaient composées
de MM. Taffard, de Gombault, Alexandre de Saluces,
de Pommier, de Budos, Luckens, Bontemps Dubarry
et Queyriaux. Je développai mon plan à ces Messieurs : je désirais que lord Wellington pût disposer
d'environ trois mille hommes , dont mille seraient
entrés à Bordeaux. Ce nombre était nécessaire , soit
pour mettre en arrestation au même moment chez
eux les principaux agens du Gouvernement, soit pour
comprimer ceux qui auraient été tentés de s'opposer
à l'exécution de nos projets. Les autres troupes , dont
on aurait ignoré la quantité , et qui auraient été

multipliées dans l'opinion , par leur éloignement
même , se seraient tenues à une certaine distance de
la ville ; les hommes sur lesquels on pouvait compter ,
soutenus des Anglais , suffisaient pour le premier
moment , et pouvaient être successivement renforcés
par ceux du Médoc et par les fidèles sujets du Roi
des départemens voisins. Il était probable que la dé-
sertion nous procurerait de nouvelles forces. Enfin
nous étions assurés de la Vendée.

Je conviens que ces moyens réunis , étaient loin de
nous donner toute la sécurité désirable ; mais la confiance me suivait toujours : elle fut partagée par tout
le monde ; et je crois qu'elle n'était pas dénuée de
motifs , en considérant l'état des choses soit dans le
nord , soit dans le midi.

On voyait Buonaparté tellement occupé par les
puissances alliées , qu'il ne pouvait disposer d'aucun
homme contre nous. Lord Wellington tenait en échec
l'armée du maréchal Soult. Ses forces étaient assez
considérables pour qu'il pût en détacher une partie
et favoriser notre expédition. L'armée du maréchal
Suchet était éloignée et occupée en Catalogne ;
c'était celle qui m'inquiétait le plus ; mais son éloignement et les deux rivières qu'elle aurait eu à passer pour arriver jusqu'à nous , me rassuraient un
peu , et je me persuadai que ces deux obstacles , en
donnant le temps à l'impulsion projetée , de produire
un effet favorable , suspendrait le cours des négocia-
tions , et réveillerait les partisans du Roi sur tous les
points de la France. Je connaissais les dispositions
du midi ; je savais tout ce que je devais espérer de

celles de la Vendée ; l'armée navale anglaise était à l'entrée de notre rivière, et pouvait faire une puissante diversion. D'un autre côté, je comptais infiniment sur la loyauté des alliés ; et leur honorable protection me paraissait préférable à l'indigne servitude sous un chef étranger ; enfin, s'il faut tout dire, je me reposais sur la protection de la Providence, qui, en effet, ne nous a point abandonnés.

Quoique je sentisse bien que si, par un malheur extrême, la bonne cause succombait, je passerais aux yeux de la multitude pour un extravagant ou un traître, je n'étais cependant point inquiet pour moi. Toute ma sollicitude se portait sur la ville confiée à mes soins ; combattu par les risques auxquels elle pouvait être exposée, j'étais emporté, je l'avoue, par l'idée de la gloire qu'elle devait acquérir, et de la prospérité qui en serait la suite.

J'ai l'honneur, Madame, etc.

Cinquième Lettre.

Il ne faut pas chercher, Madame, dans les délibérations des Gascons les froids calculs de la prudence et de la crainte. Sentir vivement et agir avec promptitude, voilà notre fait. Autant intéressé qu'un autre, par sentiment et par sûreté personnelle, je sentais toute l'importance du succès de l'entreprise, et tout le danger d'une mauvaise réussite. J'avais autant à

redouter la lenteur que la précipitation. Si la première
eût mis le dessein à découvert, mon procès n'eût pas
été long. La précipitation pouvait aussi le faire com-
plétement échouer, résultat beaucoup plus funeste.
Mais je n'avais pour moi-même aucun sujet d'inquiétude. Le seul danger qui pût me toucher, était
celui de ma réputation ; et si elle courait de grands
hasards, livrée à la multitude, je sentais au dedans
de moi qu'elle serait défendue par toutes les ames
généreuses, et ce sont elles qui fixent à la longue
l'opinion de la postérité. Je n'ai jamais ambitionné
les louanges des contemporains, louanges souvent
trop suspectes ; l'avenir est plus juste que le présent :
aussi demandais-je à Dieu que les suites tombassent
toutes sur moi, quel que pût être l'événement. Il fallait cependant tout faire pour le rendre heureux ; il
était donc sage de paraître livré aux intérêts du Gouvernement qui allait finir, tandis que je travaillais
à en élever un autre. Il fallait en imposer aux agens
du premier, et se concerter en secret avec ceux qui
désiraient un changement ; il fallait, en un mot,
éviter la méfiance des uns et gagner la confiance
des autres.

Il avait été convenu que le brave Larochejaquelein
se rendrait par mer auprès de Monseigneur le Duc
d'Angoulême pour l'assurer de notre dévouement à la
cause du Roi, et prendre ses ordres. Au moment où il
était entré dans le vaisseau qui devait le conduire,
les gardes qui venaient d'en faire la visite, en sortaient
par le bord opposé : il avait été obligé de s'y glisser
à plat ventre dans la crainte d'être aperçu.

M. Bontemps Dubarry , qui a donné au Roi de si
fréquentes et de si dangereuses preuves de son zèle ,
avait également été dépêché vers milord Wellington
pour lui faire part de nos dispositions. Ces Messieurs
nous avaient successivement appris qu'elles avaient été
accueillies favorablement par S. A. R. et par le général anglais qui , en effet , avait fait partir un déta-
chement de son armée , commandé par le maréchal
Beresford. A son approche , la frayeur s'empara de
l'agent extraordinaire envoyé par le Gouvernement
de Buonaparté. Il fit usage des mesures les plus pré-
cipitées : non-seulement il ordonna le déplacement
des autorités civiles et ecclésiastiques , mais il voulut
que le plus petit receveur et le plus petit employé
s'éloignassent; disposition qui , par la suite , a placé
ces personnes dans la situation la plus fâcheuse. Non-
seulement il fit enlever les caisses publiques , ce qui
était raisonnable ; mais encore il fit emporter de
l'hôtel des monnaies tous les instrumens de la fabri-
cation. Il usa de la même précaution à l'égard des
poudres et salpêtres , objets de grande dépense lorsqu'il s'agira de les rétablir. Les poudres furent enlevées
avec tant de hâte et avec si peu de soin , qu'une grande
quantité en fut volée ou gâtée sur les bords de la rivière où on les avait déposées. Cet agent du Gouvernement voulut même faire détruire deux frégates qui
étaient en construction ; et comme une partie du
peuple était tentée de s'y opposer, on menaça d'y
mettre le feu. Le peuple s'agita et ne fut calmé que
par la prudence des mesures que prit M. Labrouc ,
adjoint chargé de la police.

. Le général en chef fut très-embarrassé sur le parti qu'il avait à prendre. D'un côté il désirait défendre la place qui lui était confiée ; d'autre part il sentait la faiblesse des moyens mis à sa disposition.

Il dut voir qu'une résistance inconsidérée aurait exposé la ville aux plus grands malheurs, sans espoir d'aucune espèce de succès. Ce militaire qui, dans cette circonstance, s'est conduit avec modération, prit le parti de la retraite, qui était le seul convenable.

· Je fus ainsi débarrassé des autorités, des troupes, et le champ de bataille me resta.

Me voici, Madame, à la veille du grand jour : il a été trop heureux pour que vous ne soyez pas assurée de mon empressement à vous en retracer les moindres détails. C'est ce que je ferai très-prochainement.

J'ai l'honneur, etc.

Sixième Lettre.

Le 11 Mars, nous fûmes instruits de l'approche du maréchal Beresford. J'aurais désiré avoir vingt-quatre heures de plus ; mais le gant était jeté : il ne fallait plus réfléchir. Le 12, au matin, M. le maréchal m'envoya un aide-de-camp, pour savoir quelles étaient les intentions de la ville : je répondis que j'allais me rendre moi-même auprès de lui.

Connaissant les dispositions de celui qui remplissait, dans ce moment, auprès de moi, la place de

premier adjoint , je crus prudent de ne pas le laisser
à l'Hôtel-de-Ville pendant mon absence , et lui persuadai qu'il était plus honorable pour lui d'être à mon
côté dans cette mémorable circonstance. J'engageai
M. le comte Maxime de Puységur , de qui j'étais bien
assuré, à demeurer à l'Hôtel-de-Ville.

Je montai donc en voiture avec le premier et le
deuxième adjoints , et M. de Mondenard , ancien
officier de marine, très-dévoué, comme je l'ai déjà
dit , à la maison de Bourbon. M. de Tauzia , dont
je connaissais également les principes , fut placé dans
une autre voiture avec M. Labrouc , adjoint, chargé
aujourd'hui de la police, magistrat plein de zèle et
de dévouement à la bonne cause. Messieurs les membres du conseil municipal, suivaient dans d'autres
voitures. M. Taffard et sa troupe sacrée , se dissé-
minèrent le long de la voie publique. MM. de Larochejaquelein , de Gombaud , les deux de Saluces ,
Bontemps Dubarry , de Budos , de Garat , de Pom-
miers , de Canolle , de Lautrec , Roger , Duluc , et
plusieurs autres dont je regrette de ne pas me rap-
peler les noms , suivirent sans affectation , soit à pied ,
soit à cheval.

Nous avions prescrit à chacun des hommes dont
le dévouement nous était connu , de ne prendre la
cocarde blanche que lorsqu'ils m'entendraient crier
Vive le Roi! et il était ordonné de placer le drapeau
blanc sur le clocher le plus élevé de la ville, au moment
où l'on me verrait parler au maréchal *Beresford*.

Quand je fus à quelque distance du général anglais ,
je crus devoir prévenir l'adjoint dont je connaissais

l'attachement pour Buonaparté ; je craignais qu'il ne
tombât en apoplexie, s'il n'était pas instruit de ce
que j'allais faire. Je lui annonçai donc que j'allais
proclamer le Roi. Il fut frappé comme d'un coup
de foudre. Il s'écria que c'était une trahison ; que
je fisse arrêter ma voiture, qu'il en voulait sortir :
je l'assurai que je n'en ferais rien, et que ma voiture ne s'arrêterait que lorsque je voudrais en descendre moi-même, ce que je fis bientôt après : depuis
ce moment, je ne l'ai plus revu. Je montai à cheval, et, arrivé près du général anglais, qui était à
cheval aussi, je lui déclarai les intentions de la ville
de Bordeaux, et criai *Vive le Roi !*

Le bonheur que je ressentais de pouvoir donner
un libre cours aux sentimens que m'inspirait ce cri
si long-temps renfermé dans mon cœur, donna à
mon organe une énergie qui ne lui est pas naturelle ; cette scène produisit des effets bien différens ,
suivant les dispositions de ceux qui en étaient les
témoins.

Le cri de *Vive le Roi !* fut répété avec enthousiasme
par la troupe fidèle. Il le fut au-delà même de mes
espérances par le peuple. Dans un instant toute la
ville fut instruite , soit par le drapeau blanc qui
flottait sur le clocher de Saint-Michel , soit par ceux
des nôtres qui faisaient partie de la garde urbaine,
ou que leur zèle avait conduits à se mêler parmi le
peuple. Le commandant anglais ne put douter de
l'amour que portait au Roi ce bon peuple qui remplissait les rues où nous passions pour nous rendre
à l'Hôtel-de-Ville. Parvenus jusque-là, je conduisis

bientôt après le maréchal Beresford au logement qui lui était destiné.

Comme j'avais appris, deux heures avant l'arrivée de M. le maréchal, que Monseigneur le Duc d'Angoulême arriverait aussi dans la journée, et que son intention était de se rendre de suite à la cathédrale, j'en fis prévenir Monseigneur l'Archevêque, et l'invitai à faire tout préparer pour chanter le *Te Deum*. De retour à l'Hôtel-de-Ville, je fis servir à la hâte un déjeûner.

Bientôt après, instruit que S. A. R. approchait, nous allâmes au-devant d'elle en voiture. Le Prince était à cheval, accompagné de M. le comte Étienne de Damas, son premier gentilhomme, de MM. les duc de Guiche et comte d'Escars, fidèles compagnons des Princes de la maison de Bourbon, et qui ne les avaient jamais quittés durant leur long et pénible exil.

Comment pourrais-je exprimer, Madame, tout ce que je ressentis, lorsque j'approchai du descendant de Henri IV, du neveu de nos Rois, de leur héritier présomptif, de l'époux de la fille du malheureux Louis XVI? J'essaye de parler, les cris de joie de la multitude m'en empêchent. En vain ceux qui m'entourent, veulent imposer silence, ils ne peuvent l'obtenir. Je fais un signe : alors ce bon peuple dont j'ai reçu tant de preuves d'une honorable confiance, passe tout à coup de l'effervescence de la joie, au silence profond du plus touchant attendrissement. Malgré mes efforts pour vaincre les élans d'une trop juste sensibilité, je ne pus dire à Son Altesse Royale que quelques mots dont les derniers

allèrent expirer sur sa main qu'il me tendit affec-
tueusement, et que je baignai de mes larmes. Que
fut-ce, lorsque cet adorable Prince daigna se pencher
vers moi et m'embrasser ; lorsque je tins dans mes
bras le représentant de ceux que je portais depuis
si long-temps dans mon cœur, lorsque, enfin, j'en-
tendis de toutes parts mon nom mêlé à celui de mes
maîtres, à celui de cette race illustre à laquelle ma
famille bordelaise paraissait glorieuse de m'associer ?

Les cris mille fois répétés de *vive le Roi ! vive
Louis XVIII ! vive le Duc d'Angoulême ! vive le
Maire !* ne sont alors interrompus que par les félici-
tations et les embrassemens mutuels. Il ne reste plus
d'espace auprès du Prince ; tous veulent le voir,
toucher ses vêtemens, les harnais de son cheval ; à
peine me laisse-t-on assez de place pour monter sur
le mien. Nous marchons enfin, également pressés
par la foule qui nous suit, et par celle qui s'avance ;
deux heures nous suffisent à peine pour arriver à la
cathédrale.

D'après ce que je viens de dire, Madame, vous
croyez bien que les approches n'en étaient pas faci-
les, et je ne fus pas sans inquiétudes en pensant qu'il
fallait, pour entrer dans l'église, passer par un cou-
loir de douze pieds seulement de large, et de trente
pieds de long. Nous le traversâmes sans que nos
pieds touchassent presque la terre. Je ne comprends
pas comment nous n'y avons pas été étouffés. J'avais
toujours été jusqu'alors près de Son Altesse Royale ;
j'avais pu lui faire un rempart de mes bras ; mais
en entrant dans l'édifice, je fus séparé d'elle, je

perdis même entièrement de vue le Prince, et n'aurais pu le retrouver, si je n'avais jugé où il pouvait
être, par les traces du groupe qui avançait, en
oscillant, vers le chœur de l'église. Dans ce moment,
je craignis pour Monseigneur ; je faisais tous mes
efforts pour le rejoindre ; ils étaient secondés par
ceux de quelques personnes obligeantes qui se trou-
vaient devant moi, et qui cherchaient à m'ouvrir
un passage. Ce fut ainsi que je pus rejoindre le
Prince ; je le trouvai entouré du clergé, qui lui
faisait un pieux rempart, et nous arrivâmes enfin
dans le chœur.

J'avoue que, malgré le juste sujet que j'avais
de remercier Dieu, je m'occupai davantage des
moyens d'assurer la sortie du Prince, et de lui
ménager une issue hors du temple. Je ne voulais
pas l'exposer à traverser la nef une seconde fois.
Je me déterminai donc à le faire sortir par une porte
latérale, où l'on s'occupa, pendant le *Te Deum*,
à établir un passage.

Après avoir rendu à la Divinité le tribut de reconnaissance que nous lui devions tous, S. A. R.
voulut bien aller à l'Hôtel-de-Ville. Là, j'eus l'honneur de lui présenter Messieurs mes adjoints et ceux
de Messieurs les membres du conseil municipal qui
s'y trouvèrent. De là, je conduisis le Prince au
Palais royal, où nous ne pûmes arriver qu'à l'entrée
de la nuit, étant obligés de marcher au petit pas,
souvent arrêtés par l'affluence du peuple qui se
portait au-devant du Prince et retardait sa marche.

J'ai l'honneur, etc.

~~~~~~

Septième Lettre.

———

L'agitation de la journée précédente aurait dû, Madame, éloigner le sommeil, ou la fatigue le rendre nécessaire ; mais je n'avais été ni agité, ni fatigué. Une tranquillité profonde, une douce satisfaction fut tout ce que je sentis, et je m'endormis dans le sein du plus parfait bonheur.

J'éprouvai, à mon réveil, une chose assez étrange. Je ne crus pas avoir rêvé. L'impression avait été trop vive pour qu'elle pût me paraître une illusion ; mais j'avais de la peine à croire que ce que j'avais vu, ce que j'avais fait, eût réalisé les châteaux en Espagne bâtis deux mois avant, pendant mon voyage, et confirmé la prédiction de ma bonne étoile.

Je me demandais : Est-ce bien un des petits-fils de Henri IV, au-devant de qui je suis allé ? Bordeaux possède-t-il, en effet, le représentant, le neveu de notre Roi ? Est-ce un grand Prince qui est entré dans cette ville, comme un simple citoyen dans sa famille, sans défiance, se laissant approcher de tout le monde ? Où étaient donc ses gardes, *ses mamelucks ?* Quelles précautions avais-je prises pour rendre son entrée aussi triomphante ? Quels

soins m'étais-je donnés pour assurer ses jours? Téméraire: eh ! qu'ai-je fait ? Je tremblais alors invo-
lontairement; il me semblait que je devais revenir
sur le passé et que je pouvais réparer tant d'impru-
dence.

Tandis que toutes ces pensées agitaient mon esprit,
d'autres pensées occupaient diversement celui des
citoyens. Les uns , et c'était le très-grand nombre ,
applaudissaient à ce qu'ils appelaient mon courage et
portaient aux nues mon dévouement. Le peuple , sur-
tout , en général peu soucieux de l'avenir , était dans
l'ivresse de la joie. Une grande partie se ressouvenait
encore du bonheur dont ils avaient joui sous le règne
de nos Rois , des malheurs et des vertus de Louis XVI ,
des grâces de la Reine , de leur fils et de Mme Elisabeth ,
innocentes victimes de la perversité de quelques scélé-
rats! de Madame Royale , sur-tout , sauvée comme par
miracle. L'histoire de tous ces malheurs était gravée
dans la mémoire des enfans de ces bons citoyens ; elle
avait été le sujet de leurs entretiens secrets ; le feu sacré
de la religion et de la fidélité , sa compagne , s'était
ainsi conservé dans leurs familles. D'autres plus sen-
sibles aux maux récens, en accusaient avec raison un
Gouvernement despotique. Les mères dont les enfans
n'avaient point encore péri, bénissaient le retour de
ce Prince , précurseur d'un Roi qui allait leur rendre
enfin les objets de leur tendresse. Les gens doués de
cette prudence qui modère le sentiment , attendaient
dans le silence et la retraite la suite d'un événement
dont ils désiraient le succès ; quelques-uns , doués de
la prudence qui étouffe la sensibilité, étaient aussi dé-

terminés à blâmer l'entreprise, si elle ne réussissait pas, qu'à en diminuer le mérite si elle réussissait. D'autres calculaient quelle devait être leur conduite dans tous les cas. Les fauteurs peu nombreux de l'anarchie, cherchaient s'ils ne pourraient pas tirer parti de la circonstance pour la rétablir. J'étais aux yeux des partisans du Gouvernement, un fou ou un téméraire ; aux yeux de ses agens un traître d'autant plus abominable, qu'ils craignaient que cette révolution n'entraînât leur ruine, un perfide que l'on ne pouvait jamais assez punir.

Ces dispositions m'effrayaient peu ; celles dans lesquelles j'avais vu le peuple la veille, étaient rassurantes et d'un bon augure ; je ne fus pas long-temps sans en acquérir de nouvelles preuves.

Son Altesse Royale m'envoya, vers dix heures, l'ordre de me rendre auprès d'elle. Après une conversation de près d'une heure, où j'eus l'honneur de lui rendre compte de l'état des choses, elle me dit qu'elle voulait parcourir une partie de la ville à cheval, et qu'elle désirait que je l'accompagnasse. Je la priai de trouver bon que je fisse avertir les gentilshommes qui s'étaient empressés de se rendre auprès d'elle de toutes parts, et qui aspiraient à l'honneur de la suivre. Elle répondit que cela n'était pas nécessaire. Plein des reproches que je m'étais fait en m'éveillant, je crus devoir insister. Je pris la liberté de lui représenter que ces Messieurs pourraient être mortifiés, s'ils n'obtenaient la faveur qu'ils ambitionnaient. Le Prince me répondit qu'il était fort touché de leur zèle, qu'il se proposait bien d'en profiter ;

mais que ce ne pouvait être dans ce moment. Je me
réduisis alors à le supplier de trouver bon qu'il eût
une garde suffisante ; il s'y refusa encore , disant qu'il
ne pouvait être mieux gardé que par le peuple. En
vain MM. de Puysegur, de Saluces, de Marcellus et
d'autres se joignirent à moi , nous ne pûmes changer
ses dispositions.

Lorsque nous entrâmes dans la cour du Palais pour
monter à cheval , des citoyens très-recommandables
vinrent à moi avec toutes les apparences d'une grande
frayeur ; ils me dirent qu'ils avaient été avertis d'un
complot formé contre le Prince ; qu'il fallait absolument l'empêcher de sortir. Je leur montrai beaucoup
plus d'assurance que je n'en avais réellement , et
nous partîmes. Les avenues du Palais étaient cou-
vertes de citoyens de tous les rangs , de tous les âges
et de tous les sexes. M. le Duc de Guiche était à la
droite de S. A. R. ; j'étais à sa gauche. En vain fai-
sions-nous des efforts pour ne pas laisser vides les
espaces entre elle et nous, nous ne pouvions empêcher qu'il ne s'y glissât des personnes impatientes
d'approcher de plus près la personne du Prince ; nous
ne pouvions faire un pas sans être arrêtés par la
foule. Les fenêtres étaient remplies de gens qui agitaient leurs chapeaux et leurs mouchoirs. Les cris
perçans de *Vive le Roi !* joints à ceux de la multitude ,
effrayaient mon cheval et rendaient ma position aussi
difficile qu'inquiétante. Je me bornai donc à conduire
le Prince sur le port , et nous rentrâmes au palais.

Lorsque je quittai Son Altesse Royale , elle me dit
qu'elle désirait aller le soir au spectacle. Je me rendis

auprès d'elle vers les sept heures. Nous montâmes en
voiture à la chute du jour. Les rues avaient été spontanément illuminées ; la foule qui les remplissait
nous faisait présager celle que nous trouverions au
théâtre. Nous eûmes infiniment de peine à en aborder
l'entrée. L'apparition du Prince dans sa loge, produisit une scène qu'il est impossible de peindre. Ce
n'était pas des cris ; c'étaient les transports de la joie,
c'était le délire du bonheur. Une multitude de femmes,
élégamment parées, agitaient leurs mouchoirs en
forme d'étendard ; les hommes remplissaient l'espace
qui se trouvait au-dessus d'elles jusques aux loges
supérieures, agitant leurs chapeaux. Tout cela dans
une des plus belles salles du royaume, formait le
plus brillant spectacle. Les airs patriotiques et de famille, nous auraient fait désirer la présence du bon
Henri, si son petit-fils n'eût été là. Un seul chant
fut oublié : *La Victoire est à nous.* Je le chantai seul.
Tout ce dont j'avais été témoin dans la journée, m'en
donnait l'assurance.

Cette même journée du 13 Mars, fut encore mar-
quée par une circonstance, que je me reprocherais de
ne pas mentionner ici. Je veux parler de ma proclamation adressée aux Bordelais. L'effet qu'elle produisit
en France, doit assurément la sauver de l'oubli. Vous
serez peut-être étonnée, Madame, de m'en entendre
parler dans ces termes : mais votre étonnement cessera
bien vite, lorsque vous saurez que cette proclamation
fut toute entière l'ouvrage de M. *Lainé.* Un tel aveu
m'offre le triple avantage d'en faire un grand éloge
en un seul mot ; de rendre justice à son estimable

3

auteur , et de vous peindre le plus rapidement possible , toute la sensation que cet écrit dut produire.

J'ai l'honneur , Madâme , etc.

Huitième Lettre.

J'aurais , Madame , à vous répéter les mêmes descriptions que celles de ma précédente lettre, si je voulais vous rendre compte de toutes les circonstances où Son Altesse Royale a paru en public. Je pourrais vous dire que l'enthousiasme excité par sa présence , a été toujours croissant, s'il avait été possible qu'il fût plus exalté que le premier jour. Le Prince en fut si touché, qu'il rédigea lui-même une proclamation où il exprimait avec une noble sensibilité, tout ce que lui avait inspiré tant d'amour et de dévouement ; mais il tardait également à son cœur de faire connaître au Roi nos sentimens , et de lui apprendre que son nom avait été proclamé à Bordeaux. Il permit que son envoyé fût suivi d'un député de la ville, auquel je confiai une lettre. Dans cette lettre j'avais le bonheur d'annoncer à Sa Majesté que le cri d'amour des Bordelais , pour son auguste personne, allait retentir dans toutes les parties du royaume. Bientôt, disais-je , les Français apprendront que la justice va succéder enfin à la tyrannie, et que la terreur ne doit plus enchaîner la fidélité. M. de Tauzia fut chargé de cette honorable mission : personne n'en était plus digne.

Après ce tribut à la reconnaissance et au devoir , Monseigneur le Duc d'Angoulême s'occupa de former son conseil. Il le composa de MM. Ravez, Vignes , Filhot de Marans , Pierrugues, Lainé , Ch.^e Brunaud , Dussumier Fonbrune , de Puységur , de Marcellus , Emérigon , Deynaud , Taffard.

La sagesse de ce choix ne peut être comparée qu'au courage et au zèle de ceux qui en firent partie.

Cependant l'administration publique avait cessé d'exister , par l'absence de ceux qui en occupaient les places. Il était indispensable de nommer à celle qui pouvait pour le moment les suppléer toutes , la place de Préfet. J'en fus provisoirement chargé ; et ce fut ainsi que je me trouvai dans ces momens difficiles et dangereux , investi, sous les ordres de Monseigneur , de tous les pouvoirs, qu'on eût trouvés , sans doute , beaucoup mieux placés dans les mains de l'homme qui déjà les avait exercés avec tant de succès , et que tous les vœux rappelaient.

Le Prince jugea convenable de suspendre le reste de l'organisation , jusqu'à ce que les absens pussent être fixés sur l'heureux événement, et venir reprendre leurs fonctions.

Quoiqu'il fût de notoriété publique que les Anglais s'étaient conduits avec infiniment de loyauté et de modération dans les pays qu'ils avaient parcourus depuis leur entrée en France , on avait pu raisonnablement craindre que des circonstances différentes ne les obligeassent à tenir une conduite moins modérée. Mais depuis qu'ils étaient entrés à Bordeaux , comme alliés du Roi ; depuis qu'ils y protégeaient l'adminis-

tration de son représentant et l'ordre public, toute
crainte à cet égard devait être dissipée.

On ne pouvait donc être retenu que par l'effroi
qu'inspirait encore Buonaparté, ou par un grand
attachement à sa personne. La terreur qu'il inspirait
était fondée. L'attachement pour sa personne n'exis-
tait que dans la tête de quelques fanatiques ; mais la
crainte de perdre les avantages d'intérêt ou d'amour
propre, pouvait être la véritable raison de la fidélité
qu'on avait l'air de lui devoir, ou de l'attachement
qu'on lui portait.

Une classe d'hommes étaient occupés d'autres sentimens. C'étaient ceux qui avaient été au commence-
ment les partisans de la révolution, et qui l'avaient
servie. Ils voyaient avec peine arriver enfin cette
contre-révolution, dont la crainte a fait verser tant
de sang ; ils voyaient leur ouvrage détruit. C'était là
le vrai motif de leur circonspection déguisée sous celui
de la crainte.

Je ne tardai pas à reconnaître les effets de ces différentes dispositions : elles rendaient la conduite des
agens de l'administration extrêmement embarras-
sante. Ils sentaient le respect dû au Prince : en s'éloi-
gnant comme en demeurant, ils pouvaient perdre
leurs places. Quelques-uns d'eux pourtant n'hési-
tèrent pas. Mon secrétaire particulier m'abandonna
dès les premiers momens, et quatre de mes commis-
saires de police peu après. D'autres cherchèrent à se
mettre à l'abri, en se procurant les moyens de prouver qu'ils n'avaient pu résister à l'autorité à laquelle
ils étaient soumis, et sollicitèrent de moi un ordre

sévère de reprendre leurs fonctions. Je ne balançai
pas à le leur donner. Il m'était permis de sacrifier ma
personne ; mais je ne pouvais refuser à des hommes
dont plusieurs étaient pères de famille , un moyen de
se sauver, qui ne pouvait compromettre que moi.

Les chefs d'administration absens et leurs employés ,
étaient de leur côté comprimés par la présence du
commissaire du Gouvernement , et bien plus par l'ap-
préhension d'un despotisme qui paraissait encore
soutenu de forces considérables. Ils avaient tout à
craindre de la terrible vengeance du desposte , tandis
que le caractère connu des Princes de la maison de
Bourbon , le vœu du vertueux Louis XVI , la prudence , la sagesse et les promesses du véritable souverain leur assuraient une royale indulgence.

Cependant il fallait bien faire marcher l'administration ; mais avant d'en nommer les nouveaux agens ,
le Prince voulut mettre en demeure les anciens , et
leur fit assigner un délai pour venir reprendre leurs
fonctions. Il sentait parfaitement combien les choses
souffriraient dans cet intervalle , et combien la stagna-
tion des affaires pourrait donner de défaveur à son
autorité et compromettre sa grande entreprise ; mais
il était trop dans les principes de Son Altesse Royale
de consulter la justice avant tout , pour qu'elle vou-
lût s'arrêter à cette considération. Enfin , le délai
passé , il devint indispensable de faire un choix , et il
fut fait de manière à concilier le bien du service avec
les récompenses dues au zèle et au dévouement.

Les différentes parties de l'administration se réor-
ganisèrent ; toujours présidé par le Prince et éclairé

par les lumières et le bon esprit de M. Lainé, qui avait
enfin consenti à exercer provisoirement les fonctions
de Préfet, le conseil s'occupait sans relâche à rétablir
l'ordre avec un succès digne de la reconnaissance
publique.

Les soins de l'administration, Madame, n'occu-
pèrent pas seuls Monseigneur le Duc d'Angoulême;
il pourvut aussi à la sûreté publique par la sagesse
des mesures qu'il ordonna. Il en fut lui-même le ré-
gulateur, en se portant toujours avec la même confiance sur les divers points où sa surveillance était
nécessaire. Notre sollicitude le suivait par-tout : elle
n'était pas sans fondement comme vous le verrez dans
ma prochaine lettre. Il est inutile que je vous occupe
dans celle-ci de tous les détails relatifs à la période de
temps auxquels ils ont rapport, quoique chacun
d'eux pourrait être une apologie de notre petit Gouvernement.

Neuvième Lettre.

Notre petit Gouvernement, Madame, marchait
aussi bien que possible, et acquérait tous les jours de
nouveaux partisans attirés par la sagesse de son chef
et le zèle de ceux qu'il avait honorés de sa confiance.
Cependant une grande inquiétude occupait toujours
les esprits; les dénonciations se multipliaient d'une

manière effrayante ; ma position me rendait le déposi-
taire et souvent l'objet des craintes consignées dans
les différens rapports qui m'étaient remis ; elles ne
pouvaient qu'exciter ma reconnaissance pour l'intérêt
dont on me croyait digne. Mais dans quelles épou-
vantables anxiétés , mon Dieu ! ne me jetaient point
les dangers que l'on me faisait craindre pour S. A. R.
Ce Prince était pour moi le dépôt le plus précieux
que la Providence eût pu confier à mes soins. C'était
le fils , le représentant de mon Roi ; celui que ma
témérité avait osé appeler parmi nous , qui n'y serait
peut-être jamais venu sans sa courageuse confiance
dans les promesses de sujets , fidèles à la vérité, mais
peut-être abusés par leur amour même. L'idée d'un
malheur me faisait frémir : il me semblait entendre
le Roi et l'Europe anathématiser mon nom et le placer
dans la classe des audacieux intrigans. L'étendue des
conséquences d'un malheur possible , ne pouvait cependant être bien apprécié , que par ceux qui avaient
l'honneur d'approcher de S. A. R. ; et si tous les Français avaient pu connaître, comme nous, sa douceur
et sa fermeté , l'étendue de son esprit et sa modestie,
son courage et sa prudence , tous les cœurs eussent
partagé nos alarmes. Le Prince seul y était insensible. Il a constamment refusé de recourir aux précautions suggérées par notre amour ; et il nous a
prouvé que la confiance est aussi une vertu.

C'est au milieu de ces agitations que l'on annonce
la marche d'un corps de six mille hommes sur Bordeaux. La guerre civile se présente alors à nos yeux
avec toutes ses horreurs. L'atroce satisfaction de ceux

dont elle aura justifié l'égoïste prudence , sera-t-elle
réalisée ? La gloire acquise par de braves guerriers ,
en combattant pour celle d'un homme étranger à la
patrie , viendra-t-elle s'éteindre et s'anéantir , quel
que soit le succès , dans le sang de leurs compatriotes?
Ou le bonheur dont nous jouissons et dont nous leur
offrons le partage les arrêterait-il ? Faudrait-il com-
battre contre nos frères ? Sera-ce en vain qu'une
foule de citoyens demeurent prosternés dans nos tem-
ples , invoquant la divine Providence ? Elle-même
sera-t-elle insensible aux maux de la France ? Non ,
Madame ; et tout à coup nous apprenons , avec la
déchéance de Buonaparté le rappel et le rétablissement de notre auguste Souverain : dès-lors le Prince
et la ville sont sauvés. C'est le 10 Avril , jour de la fête
de Pâques , au moment de l'office du soir , que cette
nouvelle arrive. Elle parvient bientôt dans toutes les
églises : dans toutes, on entonne au même moment le
Te Deum. Plus tard de nombreux citoyens parcourent
les rues et les places publiques dans la plus vive
allégresse ; on s'embrasse , on se félicite ; par-tout des
feux de joie sont allumés ; la ville est tout à coup
illuminée. Vous devinez , Madame , tout ce qui a dû
se passer le soir au spectacle , lorsque S. A. R. y
parut. Il est impossible de l'exprimer.

Il m'est peu permis de descendre de S. A. R. à
moi ; mais ce serait peut-être manquer autant à l'intérêt que vous voulez bien me témoigner, qu'à la
reconnaissance due à mes concitoyens , si je taisais
tout ce qui peut la motiver. Les marques d'affection
que j'en ai reçues dans cette heureuse soirée, lorsque

je perçai la foule pour me rendre auprès du Prince ,
s'effaceront d'autant moins de ma mémoire , que j'en-
tendais dire à ce bon peuple : *Voilà pourtant celui
qui ne nous a pas trompés.* Un événement contraire
aurait-il produit sur eux des dispositions différentes ?
Ils auraient été pardonnables ; mais , alors , combien
n'aurais-je pas été malheureux ?

C'est sur-tout en entrant dans l'église, qu'il me fut
impossible de me dérober aux témoignages de leur
trop affectueuse reconnaissance.

Mon cœur était tellement plein de tout le bonheur
dont je voyais la démonstration, et de celui que je ressentais ; mon ame était tellement émue de tout ce que
la Providence venait de faire pour nous , que je me
prosternai devant elle effrayé de la téméraire pensée
que j'étais un des instrumens dont elle s'était servie.
Me rappelant alors les grands événemens de la révolution, celui qui venait de la finir d'une manière si
heureuse et si prompte , me parut le plus étonnant
de tous ; puisqu'en la terminant, il replaçait sur
le trône notre Souverain légitime, celui que nous
pouvions nommer désormais l'image de la Divinité
sur la terre.

$$720$$
$$27$$
$$1805$$
$$550$$
$$7705$$